ORIENTKÜCHE

Mit Mezze & Co. ins Morgenland

Autor: Matthias F. Mangold | Fotos: Anke Schütz

INHALT

TIPPS UND EXTRAS

Umschlagklappe vorne:
So würzt der Orient

Umschlagklappe hinten:
Bulgurküche

6 AUF DER STRASSE

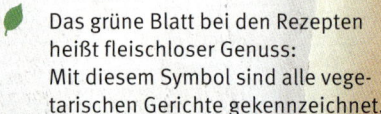

Das grüne Blatt bei den Rezepten heißt fleischloser Genuss: Mit diesem Symbol sind alle vegetarischen Gerichte gekennzeichnet.

20 AUF DEM TISCH

COVER-
REZEPT

42 DAZU & DANACH

MIT DER »GU KOCHEN PLUS«-APP WIRD IHR KÜCHENRATGEBER INTERAKTIV
So einfach geht's: Sie brauchen nur ein Smartphone und eine Internetverbindung

1. APP HERUNTERLADEN
Laden Sie die kostenlose »GU Kochen Plus«-App im Apple App Store oder im Google Play Store auf Ihr Smartphone. Starten Sie die App und wählen Sie Ihren Küchenratgeber aus.

2. REZEPTBILD SCANNEN
Scannen Sie das gewünschte Rezeptbild mit der Kamera Ihres Smartphones. Klicken Sie im Display die Funktion Ihrer Wahl.

3. FUNKTIONEN NUTZEN
Sammeln Sie Ihre Lieblingsrezepte. Speichern und verschicken Sie Ihre Einkaufslisten. Oder nutzen Sie den praktischen Supermarkt-Finder und den Rezept-Planer.

MÄRCHENHAFT LECKER

Sie möchten schlemmen wie im Morgenland? Dann machen Sie aus ihrer Küche doch mal eine Orientküche – mit exotischen Gewürzen und raffiniert einfachen Gerichten!

Schon das Wort selbst verzückt mich: Orient! Ich denke zurück an die Märchen aus »Tausendundeine Nacht«, die ich als Kind verschlungen habe. Vor meinem geistigen Auge tauchen Märkte auf mit kunstvoll aufgeschichteten Gemüsepyramiden, Säcken voller Gewürze – und über allem schwebt ein herrlich aromatischer Duft.

Orientalisch zu kochen bedeutet für mich ausprobieren und variieren, hinzunehmen und weglassen zu dürfen. Nichts ist unumstößlich oder hypergenau einzuhalten. Da wird beim Kochen nichts genau abgewogen. Und was gerade Saison hat und verfügbar ist, bestimmt das Mahl. Orientalische Küche ist lustvoll, sie ist spontan und würzig. Und Gastfreundschaft und das gemeinsame Essen mit der Familie, mit Freunden oder Gästen werden dort überall großgeschrieben.

KÜCHENGEHEIMNISSE NEU ENTDECKEN

Alle Rezepte in diesem Buch verstehen sich daher auch »nur« als Vorschläge, darauf aufzubauen. Oft sind es Basisrezepturen, denen man natürlich noch mehr Pfiff verleihen kann, sei es durch mehr Gemüse, andere Kräuter oder Gewürzmischungen etc. Und fast immer kann man die Rezepte ganz einfach vegetarisch abwandeln. Lassen Sie sich also ruhig mal ein auf vielleicht bislang eher unbekannte Geschmackserlebnisse. Ja, der Orient hat noch seine Geheimnisse! Aber viele davon werden Sie mithilfe dieses Buches lüften. Und Sie werden es lieben, versprochen!

WO, BITTE, GEHT'S ZUM ORIENT?

Das ist eine sehr gute Frage! Und die Antwort darauf ist gar nicht so einfach, umfasst der Begriff »Orient« doch im wortwörtlichen Sinne ein weites Feld. Zum Orient gehören nämlich nicht nur alle Länder der arabischen Halbinsel, also Saudi-Arabien, Oman, Jemen und die Emirate. Der Orient reicht auch von Iran, Irak und Syrien bis hoch in die Türkei, beinhaltet aber ebenso den Libanon, Jordanien, Israel und die nordafrikanischen Staaten von Ägypten bis hinüber nach Marokko.

ORIENTKÜCHE – KEIN EINHEITSBREI!

Natürlich findet sich in solch einem Spektrum keine absolut einheitliche Küche – doch es gibt viel mehr Gemeinsamkeiten als Trennendes. Das liegt schon mal an den Grundzutaten, denn Couscous, Bulgur und Kichererbsen findet man hier fast überall. Kreuzkümmel, Koriander, Kurkuma oder Zimt sind übergreifende »Gewürzklammern«. Viele Speisen, ob im Osten oder im Westen, sind ohne Minze oder Zitrusfrüchte einfach undenkbar. Oft reklamiert eine Region eine Speise für sich, und dann zeigt sich, dass sie woanders in einer Abwandlung auch schon immer existiert hat.

Und sogar zwei Familien, die im selben Haus wohnen, machen ein Tabouleh, einen Hummus oder eine Lammtajine jeweils einen Tick anders. Und alle pochen dabei auf ihre Tradition.

ESSEN WIRD ZELEBRIERT

Im Orient setzt man sich nicht hin, isst zehn Minuten, legt das Besteck weg und ist fertig. Hier wird wirklich alles zelebriert – auch im Stehen und auf der Straße. Ein kleiner Schwatz, ein Gläschen Tee oder ein Tässchen Mokka gehören einfach dazu. Essen ist Teil des Lebens, es unterbricht es nicht. Über Stunden hinweg wird an einer Mezze-Tafel genascht und schnabuliert. Da kümmert es keinen, ob die Speisen noch heiß sind oder nicht. Natürlich kennt man in den modernen Banken- und Geschäftsvierteln der orientalischen Städte, eben da, wo das sogenannte Business stattfindet, inzwischen auch Pizza und Burger. In den Vororten und auf dem Land, also dort, wo die Menschen wohnen und leben, hält man jedoch mit Leidenschaft an der überlieferten, traditionellen Küche fest. Spezielles Kochgeschirr oder Geräte benötigt man für orientalisches Kochen übrigens nicht. Die Orientküche ist nämlich, bei aller gefühlten Raffinesse, eine eher schlichte Küche.

AUF DER STRASSE

Streetfood – ein neuer Trend? Im Orient würde man sich darüber schlapplachen.
Seit Menschengedenken findet dort das Leben auf den Straßen und Plätzen statt.
Immer mit dabei: frisch gemachte kleine Speisen zum Essen an Ort und Stelle.
Fastfood ganz slow – oder auch andersherum.

PITABROT

Ob gefüllt oder als Brotbeilage – Pita ist im gesamten Orient ein unverzichtbares Grundnahrungsmittel und als Streetfood nicht wegzudenken.

10 g frische Hefe
½ TL Zucker
450 g Mehl
½ TL Salz
Außerdem:
Sonnenblumenöl für das Blech
Mehl zum Arbeiten

 Genuss frisch aus dem Ofen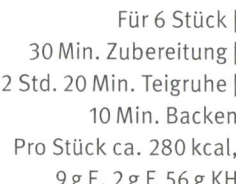

Für 6 Stück |
30 Min. Zubereitung |
2 Std. 20 Min. Teigruhe |
10 Min. Backen
Pro Stück ca. 280 kcal,
9 g E, 2 g F, 56 g KH

1 Die Hefe zerbröckeln und mit dem Zucker in ca. 100 ml lauwarmem Wasser auflösen. Zugedeckt ca. 20 Min. an einem warmen Ort ruhen lassen. Das Mehl mit dem Salz in eine Schüssel sieben. Mit der Hand eine Mulde hineindrücken und die aufgelöste Hefe sowie ca. 200 ml lauwarmes Wasser hineingeben. Alles mit bemehlten Händen zu einem elastischen Teig kneten. Den Teig mit Öl einpinseln und mit einem Tuch bedeckt an einem warmen Ort mindestens 2 Std. gehen lassen.

2 Den Backofen auf 250° vorheizen. Ein Backblech leicht einölen und zum Aufheizen mit in den heißen Backofen schieben. Den Teig nochmals kurz durchkneten, zur Rolle formen und diese in 5–6 gleich dicke Scheiben schneiden. Jede Teigscheibe zu einem Fladen mit ca. 12 cm Durchmesser formen.

3 Die Fladen auf das heiße Blech legen und mit kaltem Wasser besprengen, dann bräunen sie nicht so schnell. Im heißen Ofen (Mitte) 8–10 Min. backen. Sie sollen außen hell bleiben und innen weich sein. Herausnehmen und auf einem Gitter lauwarm oder vollständig abkühlen lassen.

AYRAN

600 g griechischer Joghurt (10 % Fett) | 1 Prise
Salz | 4 Zweige blühende Minze (ersatzweise
Basilikum oder Melisse)

Eiskalter Durstlöscher

Für 4 Gläser | 5 Min. Zubereitung
Pro Portion ca. 175 kcal, 5 g E, 14 g F, 7 g KH

1 Den Joghurt in einer ausreichend großen Schüssel mit einem Rührbesen cremig rühren. Nach und
nach 600 ml eiskaltes Wasser unterrühren, bis alles gut miteinander verbunden ist. Wer einen Mixer
oder eine Küchenmaschine hat, kann natürlich
auch diese benutzen.

2 Den Trinkjoghurt mit Salz abschmecken. Die
Minze waschen, trocken schütteln, die unteren
Blättchen von den Stielen zupfen und mit einem
Messer sehr fein hacken. Die gehackte Minze unter
das Trinkjoghurt mischen, das Ayran in große
Trinkgläser füllen und nach Belieben Eiswürfel
dazugeben. Mit der übrigen Minze garnieren.

TIPP
In der Türkei und im Libanon wird Ayran mit
Minze serviert, im Irak eher mit Basilikum.
Man reicht es hier wie dort auch als Fleisch-
beilage – das intensive Aroma, der recht hohe
Fettgehalt des Joghurts und die daraus resul-
tierende Sättigung machen Reis oder Brot als
Beilage überflüssig.

FALAFEL MIT FETA

250 g getrocknete Kichererbsen | ½ Bund Koriandergrün | 3-4 Stängel glatte Petersilie | 1 rote Zwiebel | 2 Knoblauchzehen | Salz | Pfeffer | ½–1 TL gemahlener Kreuzkümmel | 1 EL Zitronensaft | 170 g Schafskäse (Feta) | Öl zum Frittieren | 3 EL helle Sesamsamen | Pita, Joghurtsauce, Tahin und Salat zum Servieren

Brot im Handgepäck

Für 4 Personen | 40 Min. Zubereitung |
12 Std. Einweichen
Pro Portion ca. 515 kcal, 21 g E, 32 g F, 33 g KH

1 Die Kichererbsen über Nacht in reichlich Wasser einweichen. Am nächsten Tag durchspülen, in ein Sieb abgießen und abtropfen lassen. Den Koriander und die Petersilie waschen, trocken schütteln und die Blättchen hacken. Zwiebel und Knoblauch schälen und grob hacken.

2 Die Kichererbsen mit Kräutern, Zwiebel und Knoblauch mit dem Pürierstab fein pürieren. Die Masse mit Salz, Pfeffer, Kreuzkümmel und Zitronensaft abschmecken. Den Feta würfeln.

3 Den Falafelteig zu kleinen Bällchen formen (max. tischtennisballgroß). Auf dem Handteller flach drücken, etwas Feta daraufgeben und mit dem Falafelteig umschließen. Wieder zu Bällchen formen und diese leicht flach drücken.

4 Das Öl auf 180° erhitzen. Die Falafels darin portionsweise in 3–4 Min. goldbraun frittieren. Mit einem Schaumlöffel herausheben, auf Küchenpapier entfetten und in Sesam wälzen. Mit Pita (siehe S. 8), Joghurtsauce, Tahin und Salat servieren.

SPINAT-SCHAFSKÄSE-BÖREK

Wie gut, dass man hauchdünnen Yufkateig mit allem füllen kann, worauf man gerade Lust hat. Hier eine leckere vegetarische Variante.

1 Zwiebel
1 EL Butter
Salz
1 Prise Zucker
1 Knoblauchzehe
750 g Baby-Spinat
Muskatnuss
Pfeffer
200 g Schafskäse (Feta)
2 Eigelbe
5 Blätter Filo- oder Yufkateig (Kühlregal)
2 EL schwarze Sesamsamen

Hand, Mund, weg!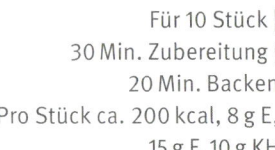

Für 10 Stück |
30 Min. Zubereitung |
20 Min. Backen
Pro Stück ca. 200 kcal, 8 g E, 15 g F, 10 g KH

1 Die Zwiebel schälen und fein würfeln. In einer Pfanne die Butter zerlassen und die Zwiebel goldgelb andünsten. Mit je 1 Prise Salz und Zucker würzen und leicht karamellisieren. Den Knoblauch häuten, fein hacken und untermischen.

2 Den Backofen auf 180° vorheizen. Den Spinat waschen und gut trocken schleudern. In die Pfanne zu den Zwiebeln geben und mitdünsten, sodass er zusammenfällt, dabei nach Bedarf portionsweise arbeiten. Vom Herd ziehen und mit Muskatnuss, Salz und Pfeffer würzen. Den Schafskäse in kleine Würfel schneiden und unter den Pfanneninhalt mischen.

3 Die Eigelbe mit einer Gabel verquirlen. Den Yufkateig aus der Verpackung nehmen und die Blätter mit dem Messer halbieren. Ein halbes Blatt quer auf die Arbeitsplatte legen und mit Eigelb bepinseln. Einen Löffel Spinat-Feta-Mischung auf den unteren Teil des Teigblatts geben, die Seiten nach innen umschlagen und das Teigblatt mit der Füllung aufrollen. Auf diese Art alle Teigblätter füllen und einrollen.

4 Die Rollen mit Eigelb bepinseln, mit Sesam bestreuen und auf ein mit Backpapier belegtes Backblech setzen. Im heißen Ofen auf der mittleren Schiene in ca. 20 Min. goldgelb und knusprig backen. Die Börek-Rollen herausnehmen und auf einem Gitter auskühlen lassen. Nach Belieben lauwarm oder vollständig ausgekühlt servieren.

LAHMACUN

Nicht einfach nur ein belegter Teigfladen, sondern einer mit Geschichte: Bereits im 2. Jahrtausend vor Christus sollen die Assyrer solch ein Gericht schon gekannt haben …

Für den Teig:
½ Würfel Hefe (21 g)
1 Prise Zucker
1 TL Salz | 450 g Mehl
2 EL Joghurt
1 EL Rapsöl
Für den Belag:
1 Zwiebel
1 Knoblauchzehe
1 grüne Paprika
2 Tomaten
1 kleines Bund glatte Petersilie
150 g gemischtes Hackfleisch
Salz | Pfeffer
1 TL Sumach
1 TL getrockneter Thymian
1 EL Paprikamus (z. B. Ajvar)
Außerdem:
Mehl zum Arbeiten
Petersilienblättchen und
Zitronenspalten

Historisch lecker

Für 8 Fladen |
30 Min. Zubereitung |
3 Std. Teigruhe |
25 Min. Backen
Pro Stück ca. 280 kcal, 11 g E,
7 g F, 43 g KH

1 Hefe und Zucker in 150 ml lauwarmem Wasser auflösen. Die restlichen Teigzutaten dazugeben und alles mit der Hand zu einem glatten, weichen Teig verkneten. Er hat die richtige Konsistenz, wenn er sich anfühlt wie ein Ohrläppchen. Den Teig zugedeckt an einem warmen Ort 2–3 Std. gehen lassen, bis er sein Volumen verdoppelt hat.

2 Für den Belag Zwiebel und Knoblauch schälen und fein hacken. Paprika und Tomaten waschen, putzen, die Kerne entfernen und sehr klein schneiden. Die Petersilie waschen, trocken schütteln und die Blättchen sehr fein hacken. Alles mit Hackfleisch, Gewürzen und Paprikamus vermengen und abschmecken.

3 Den Ofen mit eingeschobenem Backblech (oder Pizzastein) auf 250° vorheizen. Den Teig auf wenig Mehl kurz durchkneten, in 8 gleich große Portionen teilen und diese zu Kugeln formen. Auf etwas Mehl so dünn wie möglich rund-oval ausrollen und je 2 Fladen auf einem Stück Backpapier platzieren.

4 Auf jeden Teigfladen mittig etwas Hackfleischmasse geben und mit einem Löffel verteilen. Die Fladen vom Backpapier aufs Blech gleiten lassen und im heißen Ofen (Mitte) 5–6 Min. backen, bis sie beginnen, am Boden Blasen zu werfen. Herausnehmen, auf ein Gitter legen und die nächsten Fladen backen. Mit Petersilie bestreuen und mit Zitronenspalten servieren.

TIPP
Ganz stilecht wird's, wenn man fertige Fladen übereinander stapelt und zum Essen einzeln aufrollt. In der Türkei besteht man im Übrigen darauf, dass Lahmacun keine Pizza ist …

ORIENT

VON DER HAND
IN DEN MUND

BITTE ZUGREIFEN!
ALLES IST IMMER
FRISCH GEMACHT,
VERPACKUNGEN
SIND UNNÖTIG –
ALSO HAND AUF
UND SCHNELL HER
MIT DEN KÖSTLICH-
KEITEN!

FOUL MIT TOMATEN

Foul ist in Ägypten Nationalspeise – als Frühstück auf die Hand! Es gilt als eine »Mauer gegen den Hunger«, weil es enorm lange sättigt.

300 g getrocknete Foul-Bohnen (ersatzweise Dicke Bohnen oder Saubohnen)
1 Zwiebel
3 Knoblauchzehen
1 große Tomate
1 großes Bund glatte Petersilie
1 grüne Chilischote
1 EL Paprika- oder Tomatenmark
80 ml Olivenöl
Saft von 2–3 Zitronen
Salz | Pfeffer
1 TL gemahlener Kreuzkümmel

Perfekt für Brottaschen

Für 4 Personen |
30 Min. Zubereitung |
12 Std. Einweichen |
1 Std. 30 Min. Garen
Pro Portion ca. 440 kcal, 19 g E, 22 g F, 41 g KH

1 Die Bohnen in einem Sieb kräftig abbrausen und anschließend in reichlich Wasser über Nacht zugedeckt einweichen lassen. Am nächsten Tag im Einweichwasser aufkochen und zugedeckt bei kleiner Hitze in 1 Std. 30 Min. weich garen.

2 Die Zwiebel und den Knoblauch schälen und fein hacken. Die Tomate waschen, vierteln, den Stielansatz und die Kerne entfernen und das Fruchtfleisch in kleine Stücke schneiden. Die Petersilie waschen, trocken schütteln und mit den Stielen hacken.

3 Die Chili putzen, waschen und mitsamt den Kernen hacken. Alles in einer Schüssel mit Paprikamark, Olivenöl und Zitronensaft mischen und mit Salz, Pfeffer und Kreuzkümmel würzen. Die fertig gegarten Bohnen in ein Sieb abgießen, abtropfen lassen und mit den restlichen Zutaten mischen. Warm servieren.

TIPP

Wenn es schnell gehen muss, kann man auch Bohnen aus der Konserve nehmen, allerdings ist dann die Foul-Konsistenz etwas anders. Im Orient holt man sich die gekochten Bohnen vom Stand auf der Straße und verzehrt sie entweder in Brottaschen als Imbiss unterwegs oder nimmt sie mit nach Hause zum individuellen Verfeinern.

AUF DEM TISCH

Was für ein Anblick: Vielerlei lecker gefüllte Schalen, Platten und Teller auf dem Tisch – und jeder nehme sich von allem, bitte! Gastfreundschaft geht über den Magen, und oft sind die leckersten Gerichte die ganz einfachen. Lamm, Huhn, Vegetarisches – die gute Qualität der Produkte ist die Basis für ein Festmahl.

HACKBÄLLCHEN MIT KIRSCHEN

Fleisch und Früchte sind in arabischen Ländern eine beliebte Kombi. Hier verleiht die Säure der Kirschen dem Gericht einen ganz besonderen, süßwürzigen Dreh.

150 g entkernte, gefrorene Sauerkirschen (ersatzweise frische Sauerkirschen)
300 g feines Rinder- oder Kalbshackfleisch
½ TL gemahlener Kreuzkümmel
1 TL Zimtpulver
1 Msp. gemahlene Nelken
Salz | Pfeffer
2 EL Sonnenblumenöl
½ EL Butter
1 EL Zucker

Für Zimtfans

Für 4 Personen |
25 Min. Zubereitung |
30 Min. Garen
Pro Portion ca. 255 kcal, 17 g E,
17 g F, 7 g KH

1 Die tiefgekühlten Kirschen in einer Schüssel auftauen lassen (frische Kirschen waschen, entstielen und entkernen). Das Hackfleisch in einer Schüssel mit Kreuzkümmel, ½ TL Zimt, Nelken, Salz und Pfeffer würzen und mit beiden Händen kräftig durchkneten, sodass eine feine, geschmeidige Masse entsteht, die in der Konsistenz wie Wurstbrät ist.

2 Aus der Hackfleischmasse etwa walnussgroße Bällchen formen. Das Öl in einer Pfanne erhitzen und die Hackbällchen darin rundherum portionsweise bei mittlerer Hitze braun anbraten. Herausnehmen und auf Küchenpapier entfetten.

3 Die Pfanne mit Küchenpapier ausreiben, die Butter hineingeben und erhitzen. Die Kirschen darin andünsten, dann etwas Wasser, den Zucker und ½ TL Zimt zugeben. Die Mischung unter Rühren aufkochen lassen und die Kirschen mit einem Kartoffelstampfer zerdrücken. Die Fleischbällchen in die Pfanne zu den Kirschen geben und zugedeckt ca. 15 Min. köcheln lassen.

4 Die Hackbällchen aus der Sauce heben und warmhalten. Erneut 2 EL Wasser zur Sauce geben und diese bei starker Hitze reduzieren, bis sie fast karamellisiert. Die Hackbällchen mit Kirschen mit Fladenbrot oder Reis servieren.

TIPP Am besten schmeckt das Gericht mit tiefgekühlten oder frischen Kirschen. Zur Not tun es aber auch Kirschen aus dem Glas, dann wird allerdings die Grundkonsistenz der Sauce etwas mus-artiger.

LAMMRAGOUT MIT APRIKOSEN

Lamm und Aprikosen – im Orient eine klassische Kombination. Da kann selbst der, der eigentlich kein Lammfan ist, garantiert nicht Nein sagen …

700 g Lammfleisch
aus der Keule
1 Zwiebel
3 Knoblauchzehen
1 Bio-Orange
1 Bio-Zitrone
2 EL Rapsöl zum Anbraten
1 Zimtstange
1 EL Honig
Salz | Pfeffer
200 g getrocknete Aprikosen
1 frische Aprikose

Feines Zitrusaroma

Für 4 Personen |
50 Min. Zubereitung |
1 Std. Garen
Pro Portion ca. 620 kcal, 35 g E,
37 g F, 34 g KH

1 Das Lammfleisch parieren, d. h. mit einem Messer von Sehnen, Häuten und grobem Fett befreien. Das Fleisch in 2–3 cm große Würfel schneiden. Die Zwiebel und den Knoblauch schälen und fein hacken. Die Orange heiß waschen, die Schale in Zesten abziehen und hacken, die Frucht auspressen. Die Zitrone halbieren und ebenfalls auspressen.

2 In einem großen Topf das Öl erhitzen und das Lammfleisch darin rundherum portionsweise anbraten. Herausnehmen und beiseitestellen. Im gleichen Öl zuerst die Zwiebeln, dann den Knoblauch glasig andünsten. Das Lammfleisch zurück in den Topf geben und mit Orangenschale, Zimt, Honig, Salz und Pfeffer würzen. Den Orangen- und Zitronensaft angießen und das Fleisch zugedeckt und bei kleiner Hitze 20 Min. schmoren lassen.

3 Die getrockneten Aprikosen in kleine Stücke schneiden, zum Lammfleisch geben und alles weitere 20 Min. schmoren. Die frische Aprikose waschen, entsteinen, klein würfeln, zum Fleisch geben und alles weitere 10 Min. schmoren. Das Lammragout abschmecken. Dazu passt Couscous oder Fladenbrot.

TIPP Lammfleisch ist sehr fein, aber auch empfindlich und trocknet rasch aus. Daher beim Schmoren die Temperatur lieber niedrig halten und immer den Deckel aufgelegt lassen. Am besten wird das Gericht, wenn man es sogar über 2–3 Std. hinweg bei kleinster Temperatur gart.

HUHN IN ZITRONENBRÜHE

Suppe oder Eintopf? Das Gemüse macht die Suppe etwas gehaltvoller, die Zitrone sorgt für Frische. Und wer es noch üppiger mag, reichert das Gericht mit gekochtem Reis an.

3 Möhren
4 Stangen Staudensellerie
1 Stange Lauch
1 Zwiebel
3 Knoblauchzehen
1 EL Butterschmalz
1 Suppenhuhn
5–6 Sellerieblätter
2 Lorbeerblätter
3 Nelken
Salz
10 Pfefferkörner
Saft von 2–3 Zitronen

Perfekt mit Reis

Für 6 Personen |
25 Min. Zubereitung |
1 Std. 20 Min. Garen
Pro Portion ca. 280 kcal, 28 g E,
16 g F, 5 g KH

1 Die Möhren schälen, den Sellerie und Lauch putzen und waschen, dann alles in Scheiben schneiden. Die Zwiebel und den Knoblauch schälen und hacken. Das Butterschmalz in einem großen Topf erhitzen und das Gemüse bis auf den Knoblauch darin anbraten, aber keine Farbe nehmen lassen.

2 Das Huhn waschen. Den Knoblauch unter das angebratene Gemüse rühren und das Huhn daraufsetzen. Mit kaltem Wasser auffüllen, sodass das Huhn bedeckt ist, und aufkochen. Eventuell entstehenden Schaum mit einem Schaumlöffel abnehmen. Lorbeer, Nelken, 1 TL Salz und Pfefferkörner dazugeben, den Deckel auflegen und das Huhn 1 Std. köcheln.

3 Das Huhn herausheben und etwas abkühlen lassen, inzwischen die Brühe weiter einkochen. Vom Huhn die Haut entfernen, das Fleisch von den Knochen zupfen und in mundgerechte Stücke teilen. Das Fleisch in die Brühe zurückgeben. Den Kochsud mit reichlich Zitronensaft, Salz und Pfeffer abschmecken und alles zusammen weitere 15 Min. köcheln lassen. Mit klein gezupften Sellerieblättern bestreuen.

HÄHNCHEN-GEMÜSE-COUSCOUS

Klassisch, einfach, lecker! Und ganz nach Belieben zu variieren, je nachdem, welches Fleisch und Gemüse gerade verfügbar ist ...

500 g Hähnchenbrustfilet (ohne Haut)
1 EL Olivenöl
1 TL gemahlener Kreuzkümmel
1 TL gemahlener Koriander
1 Zwiebel
2 Knoblauchzehen
300 g gemischtes Gemüse (z. B. Paprika, Zucchini, Zuckerschoten)
300 g Tomaten
1 Dose Kichererbsen (ca. 240 g Abtropfgewicht)
250 g Instant-Couscous
1–2 EL Rapsöl zum Anbraten
1 Zimtstange
Salz | Pfeffer
200 ml Gemüsebrühe
1 EL Butter
Außerdem:
Koriandergrün zum Dekorieren
Chiliflocken zum Bestreuen

Zum Sattessen

Für 4 Personen |
30 Min. Zubereitung
Pro Portion ca. 555 kcal, 40 g E,
17 g F, 59 g KH

1 Das Hähnchenfleisch waschen, trocken tupfen, in Streifen oder Würfel schneiden, mit dem Olivenöl und den Gewürzen gut vermischen und ziehen lassen. Inzwischen die Zwiebel und den Knoblauch abziehen und fein würfeln. Das Gemüse und die Tomaten waschen, putzen und würfeln. Die Kichererbsen in ein Sieb abgießen und abtropfen lassen.

2 Den Couscous nach Packungsangabe mit kochendem Wasser überbrühen und quellen lassen. In einer großen Pfanne das Öl erhitzen und darin das marinierte Fleisch mit den Zwiebeln anbraten. Knoblauch, Zimt, Gemüse und Tomaten zugeben und unter Rühren weitere 5 Min. braten. Mit Salz und Pfeffer würzen und die Gemüsebrühe angießen. Die abgetropften Kichererbsen untermischen und alles 5 Min. köcheln lassen. Die Zimtstange wieder entfernen.

3 Die Butter unter den Couscous rühren und die Körner mit einer Gabel auflockern. Den Couscous auf vorgewärmte Teller anrichten und die Hähnchen-Gemüse-Mischung darauf platzieren. Das Koriandergrün waschen, trocken schütteln, die Blättchen von den Stielen zupfen und auf dem Hähnchen-Gemüse-Couscous verteilen. Nach Belieben mit getrockneten Chiliflocken bestreuen.

SAFRANREIS MIT PILZEN

100 g Schalotten | 1 EL Butter | 0,2 g Safran-fäden | 2 EL Milch | 300 g Basmati-Reis | 1 TL ge-mahlene Kurkuma | ½ TL Tabil-Gewürzmi-schung | ½ TL Salz | 400 g Steinpilze | 1 Zwie-bel | 2 Knoblauchzehen | 2 EL Olivenöl | Salz | Pfeffer | 1 Bund glatte Petersilie

Edel und würzig

Für 4 Personen | 25 Min. Zubereitung
Pro Portion ca. 385 kcal, 13 g E, 10 g F, 61 g KH

1 Die Schalotten schälen und fein würfeln. In einem Topf die Butter zerlassen und darin die Schalotten bei mäßiger Hitze farblos andünsten. Die Safranfäden in der Milch einweichen.

2 Den Reis zweimal waschen und abtropfen las-sen. In einen Topf geben, Kurkuma und Tabil ein-streuen, 450 ml Wasser angießen, salzen und ein-mal aufkochen. Die Safranmilch einrühren, die Herdplatte ausschalten und den Reis im Topf zugedeckt in 15 Min. ausquellen lassen.

3 In der Zwischenzeit die Pilze putzen, dazu am besten mit Küchenpapier abreiben. Die Pilze in dünne Scheiben schneiden. Die Zwiebel und den Knoblauch schälen und fein würfeln.

4 Das Olivenöl in einer Pfanne nicht zu stark er-hitzen und darin die Zwiebel anbraten. Den Knob-lauch und die Pilze zugeben und mitbraten, mit Salz und Pfeffer würzen. Die Petersilie waschen, trocken schleudern, die Blättchen abzupfen und hacken. Die Pilze auf dem Reis anrichten und mit der Petersilie bestreuen.

SCHAKSHUKA

5 mittelgroße Tomaten | 1 Zwiebel | 1 Knoblauchzehe | 1 rote Paprika | 1 EL Olivenöl | ½ Bund glatte Petersilie (ersatzweise Koriandergrün) | 100 ml Gemüsebrühe | Salz | Pfeffer | 1 TL Harissa | gemahlener Kreuzkümmel (nach Belieben) | 1 Prise gemahlene Kurkuma | 4 Eier (M)

Frühstück ist fertig!

Für 2 Personen | 30 Min. Zubereitung
Pro Portion ca. 270 kcal, 17 g E, 18 g F, 11 g KH

1 Die Tomaten waschen, halbieren, die Kerne herausdrücken und das Fleisch würfeln. Zwiebel und Knoblauch schälen und fein hacken. Paprika waschen, putzen und in kleine Würfel schneiden. Das Öl erhitzen und die Zwiebeln darin 3 Min. andünsten. Knoblauch und Paprika dazugeben und dünsten, bis die Paprikawürfel weich sind.

2 Die Petersilie waschen, trocken schütteln und die Blättchen hacken. Die Tomatenwürfel und die Hälfte der Petersilie mit in die Pfanne geben und 5 Min. weiter garen. Die Brühe angießen, mit Salz, Pfeffer, Harissa, Kreuzkummel und Kurkuma würzen und alles 10 Min. köcheln lassen.

3 Mit dem Löffel vier Vertiefungen in die Gemüsepfanne machen. Die Eier einzeln in eine Tasse aufschlagen und in die Vertiefungen der Gemüsepfanne gleiten lassen. Nicht mehr rühren, sondern die Eier bei geringer Hitze zugedeckt stocken lassen. Mit Salz und Pfeffer würzen und mit der restlichen Petersilie bestreuen.

TIPP

Statt frischer Tomaten gehen auch stückige Tomaten aus der Dose. Das Harissa lässt sich nach Belieben durch frische rote Chili ersetzen.

SCHARFE CHORBA

Chorba ist Suppe und Suppe geht immer! Das ehemalige Arme-Leute-Gericht hat heute Kultstatus und lässt sich auf vielfältige Weise aufpeppen.

1 Suppenhuhn
3–4 Möhren
1 Stange Lauch
2 Stangen Staudensellerie
½ Bund glatte Petersilie
1 Stück Ingwer (4 cm lang)
1 EL Olivenöl
2 EL Tomatenmark
Harissa
Salz | Pfeffer
250 g Chorbanudeln (ersatzweise Buchstabennudeln)

Für kalte Tage

Für 6 Personen |
20 Min. Zubereitung |
2 Std. Garen |
1 Std. ziehen lassen
Pro Portion ca. 410 kcal,
33 g E, 16 g F, 34 g KH

1 Das Huhn waschen, in einen Topf geben, mit etwa 3 l kaltem Wasser auffüllen und zum Kochen bringen. Aufsteigenden Schaum mit einem Schaumlöffel abnehmen. Das Huhn etwa 2 Std. köcheln lassen, dann den Sud durch ein Sieb abgießen.

2 Die Möhren schälen und in Scheiben schneiden. Den Lauch und Sellerie waschen, putzen und in Ringe bzw. Stückchen schneiden. Das Grün vom Staudensellerie hacken. Die Petersilie waschen, trocken schütteln und die Stängel fein, die Blätter grob hacken. Den Ingwer schälen und fein würfeln. Vom Huhn die Haut entfernen, das Fleisch auslösen und in Stücke schneiden.

3 Das Olivenöl im Topf nicht zu stark erhitzen und den Ingwer darin 2 Min. andünsten. Das Tomatenmark dazugeben und kurz etwas stärker anbraten. Das geschnittene Gemüse in den Topf geben und den Kochsud vom Huhn angießen. Mit Harissa je nach gewünschter Schärfe würzen, mit Salz und Pfeffer abschmecken und alles für mindestens 1 Std. bei kleiner Hitze ziehen lassen.

4 Das Hühnerfleisch und die Chorbanudeln in die heiße Suppe geben und darin in ca. 5 Min. heiß werden bzw. garziehen lassen. Mit Tomatenmark und Gewürzen abschmecken.

TIPP Das Wort »Chorba« leitet sich vom arabischen Wort für »Flüssigkeit« ab und ist in ganz Nordafrika gleichbedeutend mit Suppe. Es gibt unglaublich viele Varianten mit und ohne Fleisch, dicker, dünner, mild oder scharf. Chorba ist eine typische Ramadansuppe zum Fastenbrechen.

LAMMKÖFTE MIT PISTAZIEN

Köfte sind im Prinzip nichts anderes als Hackbällchen oder Frikadellen – nur eben in der Würzung wesentlich raffinierter – eben orientalisch!

2 Knoblauchzehen
½ Bund glatte Petersilie
½ TL Fenchelsamen
½ TL Koriandersamen
½ TL Kreuzkümmelsamen
1 Stück Ingwer (2 cm lang)
2 EL Pistazienkerne
½ TL abgeriebene
Bio-Zitronenschale
600 g Lammhackfleisch
Salz | Pfeffer
1 Prise Zimtpulver
8 Zweige Rosmarin
4 EL Pflanzenöl zum Braten

Frikadellen neu entdeckt

Für 4 Personen |
30 Min. Zubereitung
Pro Portion ca. 515 kcal, 29 g E,
43 g F, 2 g KH

1 Den Knoblauch abziehen und fein hacken. Die Petersilie waschen, trocken schütteln und mitsamt den Stängeln ebenfalls fein hacken. Fenchel, Koriander und Kreuzkümmel im Mörser zu Pulver zerstoßen. Den Ingwer schälen und sehr klein würfeln. Die Pistazien nicht zu fein hacken.

2 Knoblauch, zwei Drittel der Petersilie, gemörserte Gewürze, Ingwer, Pistazien und Zitronenabrieb mit dem Lammhack gründlich vermengen, am besten mit den Händen. Mit Salz, Pfeffer und Zimt würzen und kräftig abschmecken.

3 Die Hackfleischmasse in acht Portionen teilen und diese zu länglichen Rollen formen, dabei in jedes Fleischröllchen jeweils der Länge nach einen Zweig Rosmarin einarbeiten, der seitlich ein wenig herausragt. Damit kann man die Köfte in der Pfanne gut anfassen und erzielt zusätzliche Würzung.

4 In einer Pfanne etwas Öl erhitzen und darin die Köfte von allen Seiten bei mittlerer Temperatur anbraten, bis sie außen knusprig braun, innen aber noch zart rosa sind. Zum Servieren mit der restlichen Petersilie bestreuen.

TIPP   Dazu passen hervorragend ein Minzjoghurt und Couscous-Salat. Statt die Gewürze selbst zu mischen, kann man auch Ras el Hanout verwenden.

LAMMTAJINE

Das Schmorgericht gart im Orient in einem speziellen Tontopf, der Tajine.
Es gelingt aber auch vorzüglich im Ofen, ganz klassisch im Bräter gegart.

1,5 kg Lammfleisch
aus der Keule
1 kg festkochende Kartoffeln
2 Zwiebeln
2 Knoblauchzehen
12–14 Safranfäden
1 EL grob gemahlener Kreuzkümmel
1 TL gemahlene Kurkuma
1 TL scharfes Paprikapulver
4 EL Olivenöl
1 Zitrone
125 g schwarze Oliven
(entsteint)
Salz | Pfeffer

One-Pot orientalisch

Für 6 Personen |
25 Min. Zubereitung |
20 Min. Marinieren |
1 Std. 5 Min. Garen
Pro Portion ca. 830 kcal,
49 g E, 60 g F, 24 g KH

1 Das Fleisch parieren und in mundgerechte Stücke schneiden. Die Kartoffeln schälen, waschen und so groß würfeln wie das Fleisch. Die Zwiebeln und den Knoblauch schälen und fein hacken. Alles in einer Schüssel mit Safran, Kreuzkümmel, Kurkuma, Paprika und 2 EL Olivenöl mischen und 20 Min. marinieren.

2 Den Backofen auf 180° vorheizen. In einem großen Bräter das restliche Öl erhitzen und das Fleisch und die Kartoffeln darin bei starker Hitze ca. 5 Min. unter ständigem Rühren anbraten. Die Zitrone auspressen und den Saft zum Fleisch geben. Den Deckel auf den Bräter legen und das Fleisch im Backofen zugedeckt ca. 30 Min. schmoren.

3 Die Oliven zugeben, den Deckel wieder schließen und die Tajine weitere ca. 30 Min. garen, bis das Fleisch weich ist, aber nicht übergart. Mit Salz, Pfeffer und Zitronensaft abschmecken.

VARIANTE GEMÜSE-TAJINE
Verwenden Sie anstatt Lammfleisch Rote Beten! Einfach schälen (am besten mit Einweghandschuhen), in grobe Würfel schneiden, mit den Kartoffeln anbraten, würzen und im Ofen bissfest schmoren.

EXOTISCHE DÜFTE, TOLLE FARBEN,
KRÄFTIGE AROMEN ...
KOPF UND BAUCH WEILEN IN VÖLLIG
NEUEN WELTEN!

BASTILLA

Diese marokkanische Hähnchenpastete ist zwar zeitlich etwas aufwändiger,
doch der Geschmack entschädigt dafür umso mehr – mein Leibgericht!

3 rote Zwiebeln
1 Stück Ingwer (ca. 4 cm)
1 Hähnchen (ca. 1,2 kg)
1 Bund glatte Petersilie
½ Bund Koriandergrün
6 EL Butterschmalz
½ TL gemahlene Kurkuma
1 Prise Safranfäden
Salz | Pfeffer
4 Eier (M)
Saft von 1 Limette
150 g Puderzucker
150 g gemahlene Mandeln
1 TL Zimtpulver
8 Blätter Filo- oder Yufkateig-
blätter (Kühlregal)

Schmeckt kalt und warm

Für 1 Springform (ca. 24 cm ⌀,
12 Stück) |
20 Min. Zubereitung |
45 Min. Garen |
30 Min. Backen
Pro Portion ca. 445 kcal,
12 g E, 29 g F, 25 g KH

1 Zwiebeln und Ingwer schälen und hacken. Hähnchen waschen, trocken tupfen und in 6–8 Stücke teilen. Petersilie und Koriander waschen, trocken schleudern und hacken. Die Zwiebeln in 1 EL Butterschmalz glasig andünsten. Die Hähnchenteile dazugeben und etwas Farbe nehmen lassen. Ingwer, Kurkuma, Safran, Salz, Pfeffer und Kräuter hinzufügen und mit Wasser auffüllen, sodass die Hähnchenteile bedeckt sind. Zugedeckt bei geringer Hitze 45 Min. garen.

2 Die Hähnchenteile herausnehmen, die Haut entfernen, das Fleisch von den Knochen lösen und klein schneiden. Den Sud auf etwa 250 ml einkochen. Die Eier mit Limettensaft und der Hälfte des Puderzuckers verquirlen, in den Sud rühren und aufkochen. Das Fleisch in den Sud zurückgeben und alles abkühlen lassen.

3 Restliches Butterschmalz schmelzen. Backofen auf 200° vorheizen. 4 EL Puderzucker mit Mandeln und Zimt mischen. Die Springform sorgfältig mit Schmalz auspinseln. Zwei Yufkablätter in die Form legen, sodass sie seitlich noch heraushängen und sich überlappen. Mit Schmalz einpinseln, zwei weitere Blätter darauf platzieren und ebenfalls einpinseln.

4 Das Fleisch auf die Teigblätter geben, mit etwas Sud beträufeln, überhängenden Teig einklappen. Zwei weitere Yufkablätter auflegen, mit Schmalz einpinseln und den Mandel-Zucker darauf streuen. Zwei gefettete Teigblätter darauf platzieren, Seiten einklappen und die Pastete mit Schmalz bepinseln. Im Ofen (Mitte) in ca. 30 Min. goldbraun backen. Mit dem übrigen Puderzucker bestreut servieren.

DAZU & DANACH

Es sind die Kleinigkeiten drumherum, die ein Mahl zum Ereignis werden lassen. Kein Chi-chi, keine komplizierten Verrenkungen. Lieber purer Eigengeschmack, mit wenigen Zutaten sinnvoll ergänzt. Und wunderbar einfach nachzukochen, was den Genuss noch viel größer macht!

BABAGANOUSH

Auf den ersten Blick unscheinbar, verbirgt sich hier ein echtes orientalisches Juwel:
Der Geschmack der Auberginencreme ist sensationell!

3 große Auberginen (ca. 1,2 kg)
2–3 TL Meersalz
40 g Pinienkerne
2 Knoblauchzehen
100 g Ziegenfrischkäse
100 g griechischer Joghurt
(10 % Fett)
Pfeffer
4 EL Olivenöl
2–3 EL Zitronensaft
1 TL Zatar
2–3 Zweige Minze

Keine Mezzetafel ohne!

Für 6 Personen |
20 Min. Zubereitung |
50 Min. Garen
Pro Portion ca. 205 kcal,
6 g E, 16 g F, 7 g KH

1 Den Backofengrill auf 240° vorheizen. Die Auberginen waschen, längs halbieren, großzügig mit Salz bestreuen, mit der Schnittseite nach unten auf ein Backblech setzen und im heißen Ofen mittig 45–50 Min. garen, bis die Haut sehr dunkel und runzelig geworden ist.

2 Mit einem Löffel das weiche Fruchtfleisch aus der Schale lösen, in eine Schüssel geben und mit einer Gabel verquirlen, sodass es zu einer Paste wird. Die Pinienkerne in einer Pfanne ohne Fett leicht anrösten, ohne dass sie dabei bräunen. Den Knoblauch abziehen und sehr fein hacken.

3 Den Ziegenfrischkäse mit dem Joghurt glattrühren. Die Auberginenpaste mit Pfeffer, Olivenöl, Zitronensaft, Knoblauch und Zatar würzen, die Joghurtmischung unterrühren und abschmecken. Die Minze waschen, trocken schütteln und die Blättchen hacken. Die Auberginencreme mit Pinienkernen und Minze bestreuen und als Dip (z. B. zu Gemüse) servieren.

TIPP Babaganoush gibt es in vielerlei Spielarten von der Türkei bis nach Ägypten. Hauptbestandteile sind immer Auberginen, Olivenöl, Zitronensaft und Knoblauch. Wichtig ist, dass die Auberginen sehr weich gegart und sehr gut geröstet werden. Die Würzung variiert: Manche fügen Tahin (Sesampaste) hinzu, andere Kräuter, Granatapfel etc.

HUMMUS

1 Dose Kichererbsen (ca. 240 g Abtropf-
gewicht) | 2 Knoblauchzehen | 1 Zitrone |
100 g Tahin (Sesampaste) | Salz | ½ TL edel-
süßes Paprikapulver | 3 EL Olivenöl | Pfeffer

Allrounder zum Dippen und Streichen

Für 1 Glas (ca. 400 g) | 10 Min. Zubereitung
Pro 50 g ca. 115 kcal, 3 g E, 9 g F, 3 g KH

1 Die Kichererbsen in ein Sieb abgießen und gut
abtropfen lassen, die ablaufende Flüssigkeit dabei
auffangen. Den Knoblauch abziehen und mit einem
Messer grob hacken. Die Zitrone halbieren und die
Hälften auspressen.

2 Die abgetropften Kichererbsen mit dem gehackten Knoblauch, dem Zitronensaft, dem Tahin,
etwas Salz und Paprika im Mixer oder mit dem
Pürierstab fein pürieren, dabei ggf. nach und nach
einige Löffel vom aufgefangenen Kichererbsensud
zugeben, sodass eine dickcremige Paste entsteht.
Die Masse ggf. in eine Schüssel umfüllen.

3 Etwa 2 EL Olivenöl zugeben und von Hand unter
das Kichererbsenpüree rühren. Den Hummus mit
Salz, Pfeffer und Zitronensaft abschmecken. In ein
Schälchen geben, mit dem restlichen Öl beträufeln
und mit Paprikapulver bestäubt servieren.

TIPP

Tahin ist eine Paste aus gerösteten oder unge-
rösteten Sesamsamen. Es gibt sie mittlerweile
in jedem gut sortierten Supermarkt. Hummus
lässt sich sehr gut variieren, etwa mit gehackten Kräutern (z. B. Koriandergrün) oder gekochtem Gemüse (z. B. Rote Bete).

CHERMOULA-KARTOFFELN

1 kg festkochende Kartoffeln | Salz | 1 rote Zwiebel | 3 Knoblauchzehen | 1 kleines Bund glatte Petersilie | 100 ml Geflügelbrühe | 1 TL edelsüßes Paprikapulver | ½ TL gemahlener Kreuzkümmel | ½ TL gemahlener Koriandersamen | ½ TL gemahlene Kurkuma | Pfeffer | 4 EL Zitronensaft | 5 EL Olivenöl

Kartoffelsalat auf orientalische Art

Für 4 Personen | 15 Min. Zubereitung |
30 Min. Garen
Pro Portion ca. 265 kcal, 5 g E, 13 g F, 32 g KH

1 Die Kartoffeln gründlich waschen und in wenig leicht gesalzenem Wasser in ca. 30 Min. bissfest garen (oder nach Belieben in einem Dämpfer dämpfen). Das Wasser abgießen, die Kartoffeln etwas ausdampfen und abkühlen lassen. Noch warm pellen und in Scheiben schneiden.

2 Für die Chermoula-Marinade die Zwiebel und den Knoblauch schälen und fein hacken. Die Petersilie waschen, trocken schütteln und die Blättchen fein hacken. Die Geflügelbrühe kurz aufkochen, Zwiebel, Knoblauch und Gewürze zugeben und bei geringer Hitze 5 Min. zugedeckt ziehen lassen.

3 Die Marinade mit Salz, Pfeffer und Zitronensaft würzen und abschmecken. Das Öl in dünnem Strahl einlaufen lassen und mit einem Rührbesen gut unterquirlen. Die Petersilie untermischen. Alles über die Kartoffeln geben, vermischen und den Salat lauwarm oder ausgekühlt servieren.

VARIANTE CHERMOULA-OFENKARTOFFELN
Die Brühe weglassen, die Chermoula mit rohen, geschälten Kartoffelwürfeln mischen und im Ofen bei 200° je nach Größe 30–45 Min. bissfest garen. Passt super zu Gegrilltem.

GEFÜLLTE PAPRIKA

150 ml leichte Gemüsebrühe | 100 g Instant-Couscous | 1 kleine Zwiebel | 1 Knoblauchzehe | 1 rote Peperoni | 2–3 Frühlingszwiebeln | 40 g schwarze Oliven (entsteint) | 150 g Schafskäse (Feta) | 3–4 Stängel Koriandergrün | 2 EL Olivenöl | Salz | Pfeffer | 1 Msp. Zimtpulver | ½ TL Cayennepfeffer | Weißweinessig nach Geschmack | 4 rote Paprika

Vegetarisch gefüllt 🌿

Für 4 Personen | 15 Min. Zubereitung | 40 Min. Garen
Pro Portion ca. 260 kcal, 11 g E, 13 g F, 23 g KH

1 Die Brühe aufkochen, über den Couscous gießen, mit einer Gabel durchrühren und nach Packungsangabe quellen lassen. Die Zwiebel, den Knoblauch, die Peperoni und die Frühlingszwiebeln putzen und fein hacken. Die Oliven und den Feta würfeln. Den Koriander waschen, trocken schütteln, einige Blättchen beiseitelegen, den Rest mit den Stängeln hacken.

2 Den Backofen auf 200° vorheizen. In einer Pfanne das Olivenöl erhitzen und die Zwiebel darin anschwitzen. Knoblauch, Frühlingszwiebeln und Peperoni dazugeben und 2 Min. mitgaren. Den Couscous untermengen, mit Salz, Pfeffer, Zimt und Cayennepfeffer würzen und mit etwas Essig abschmecken. Vom Herd ziehen und Feta, Oliven und gehackten Koriander untermischen.

3 Die Paprika längs halbieren, putzen und waschen. Die Füllung in die Paprikahälften verteilen, mit Olivenöl beträufeln, auf ein Blech setzen und die Schoten im Backofen 20–30 Min. garen, bis die Paprika weich sind. Mit den beiseitegelegten Korianderblättchen bestreuen.

GURKENSALAT MIT GRANATAPFEL

1 Granatapfel | 1 große Salatgurke | 1 rote Zwiebel | 4 EL Zitronensaft | 1 Prise Zucker | Pfeffer | Salz | 3 EL gehackte Minze | 2 EL Olivenöl

Köstlich knackig 🌿

Für 4 Personen | 20 Min. Zubereitung | 1 Std. Kühlen
Pro Portion ca. 115 kcal, 1 g E, 6 g F, 14 g KH

1 Den Granatapfel halbieren, die Hälften jeweils aufbrechen und die Kerne herauslösen. Die weißen Trennhäute dabei entfernen, denn sie schmecken bitter. Die Gurke schälen, längs halbieren und mit einem Löffel die Kerne herausschaben. Das Gurkenfruchtfleisch in dünne Scheiben schneiden.

2 Die Zwiebel schälen, längs halbieren und in feine Streifen schneiden. Granatapfelkerne, Gurkenscheiben und Zwiebeln in einer Schüssel mit Zitronensaft, Zucker, Pfeffer und Salz vermischen. Zugedeckt im Kühlschrank mindestens 1 Std. durchziehen lassen.

3 Die Minze waschen, trocken schütteln und die Blättchen hacken. Den Salat aus dem Kühlschrank nehmen und das Öl und die Minze untermischen. Er passt besonders gut als erfrischende Beilage zu Hähnchengerichten oder Reis.

TIPP

An besonders heißen Tagen wenig Olivenöl nehmen, das forciert die Frische. Für einen fruchtigeren Geschmack kann man auch einen grünen, säuerlichen Apfel (z. B. Granny Smith) dazugeben. Einfach entkernen und in Streifen schneiden. Schälen ist unnötig!

VANILLEMÖHREN MIT KURKUMA

500 g kleine Bio-Bundmöhren (mit Grün) |
2 kleine Schalotten | 1 EL Butter | ½ Vanille-
schote | 2–3 Zweige Thymian | ½ TL gemahlene
Kurkuma | Salz | Pfeffer

Pfiffige Begleitung

Für 4 Personen | 10 Min. Zubereitung |
15 Min. Garen
Pro Portion ca. 60 kcal, 1 g E, 3 g F, 6 g KH

1 Vom Möhrengrün 3–4 cm stehen lassen, den
Rest abschneiden. Die Möhren waschen und der
Länge nach halbieren. Die Schalotten schälen und
fein hacken. In einer Pfanne die Butter zerlassen
und die Schalotten darin glasig anschwitzen.

2 Das Mark der Vanilleschote herausschaben und
mitsamt der Schote und den Möhren in die Pfanne
geben. Die Thymianzweige im Ganzen dazulegen.

Mit Kurkuma, Salz und Pfeffer würzen, alles vorsichtig vermischen und den Deckel auf die Pfanne
legen. Die Möhren bei kleiner Hitze in 10–15 Min.
bissfest garen. Vor dem Servieren die Vanilleschote entfernen. Die Möhren auf einem vorge-
wärmten Teller anrichten.

TIPP

Die Vanillemöhren passen hervorragend zu
Lamm oder Rindfleisch. Für einen zusätzlichen
Aroma-Kick etwas Butter so lange in einem
kleinen Topf erhitzen, bis sie fast braun ist.
Auf die angerichteten Möhren träufeln.

TABOULEH

200 g feiner Bulgur | 2 Bund glatte Petersilie |
2 Handvoll Minze | 1 Bund Lauchzwiebeln |
400 g Tomaten | 3 – 4 Zitronen | 5 EL Olivenöl |
Salz | Pfeffer

Erfrischend leicht

Für 4 Personen | 15 Min. Zubereitung |
20 Min. Quellen
Pro Portion ca. 330 kcal, 8 g E, 14 g F, 40 g KH

1 Den Bulgur in eine Schüssel geben, mit lauwarmem Wasser übergießen, sodass er gut bedeckt ist, und anschließend für 20 Min. beiseitestellen und ziehen lassen.

2 Inzwischen die Petersilie und die Minze waschen, die Kräuter trocken schleudern, die Blättchen von den Stielen zupfen und fein hacken. Die Lauchzwiebeln putzen, waschen und mit dem Grün in feine Ringe schneiden. Die Tomaten waschen, halbieren, die Stielansätze entfernen und die Tomaten klein würfeln.

3 Die Zitronen auspressen. Den Bulgur in ein Sieb abgießen, unter fließend kaltem Wasser spülen und abtropfen lassen. Mit den anderen Zutaten und dem Olivenöl mischen. Das Tabouleh mit Salz und Pfeffer abschmecken und in Schälchen oder nach Belieben auf Salatblättern anrichten.

TIPP

Wer es edler mag, kann die Kerne der Tomaten vor dem Würfeln entfernen, dann wird der Salat jedoch etwas trockener. Die Tabouleh-Zutaten lassen sich gut vorbereiten. Mischen sollte man sie allerdings erst kurz vor dem Servieren, damit das Grün der Kräuter leuchtend bleibt und der Salat nicht zu viel Flüssigkeit zieht.

LIBANESISCHER ORANGENKUCHEN

Ein Nachtisch muss nicht immer komplett süß sein. Die leichten Bitterstoffe der Orangenschale setzen einen tollen Kontrapunkt.

3 große Bio-Orangen
6 Eier (M)
230 g Zucker
200 g gemahlene Haselnüsse
60 g gehackte Haselnüsse
1 TL Backpulver
1 Prise Salz
200 g Zartbitterkuvertüre
(55 % Kakao)
1 EL Pistazienkerne
Außerdem:
1 TL Butter und 1 EL Mehl
für die Form

Bittersüße Sinfonie 🌿

Für 1 Springform (ca. 24 cm ⌀,
12 Stück) |
20 Min. Zubereitung |
1 Std. 30 Min. Garen |
1 Std. 10 Min. Backen
Pro Portion ca. 370 kcal,
8 g E, 23 g F, 33 g KH

1 Die Orangen heiß waschen, zwei in einen Topf geben und mit Wasser auffüllen, sodass die Früchte gerade bedeckt sind. Den Deckel auflegen und bei geringer Hitze 1 Std. 30 Min. köcheln lassen. Die dritte Orange beiseitestellen. Gegarte Früchte abgießen, etwas abkühlen lassen, in Stücke schneiden, die Kerne entfernen und die Früchte mitsamt Schale fein pürieren.

2 Den Backofen auf 190° vorheizen. Die Form am Boden und am Rand gründlich ausbuttern und mit Mehl ausstreuen. Die Eier in einer Rührschüssel gut schaumig schlagen. Zucker, gemahlene und gehackte Nüsse, Backpulver und Salz unterrühren, dann die pürierten Orangen dazugeben und untermengen.

3 Den Teig in die vorbereitete Form füllen, glatt streichen und im Ofen (Mitte) ca. 1 Std. 10 Min. nicht zu dunkel backen (Stäbchenprobe machen). Sollte der Kuchen zu stark bräunen, rechtzeitig mit Alufolie abdecken. Den fertigen Kuchen aus dem Ofen nehmen und ca. 10 Min. abkühlen lassen. Dann aus der Springform lösen und auf einem Gitter auskühlen lassen.

4 Die Kuvertüre hacken, über einem heißen Wasserbad bei geringer Hitze schmelzen und den Kuchen damit überziehen. Die Pistazien fein hacken, von der übrigen Orange die Schale in Zesten abziehen und beides auf die noch warme Schokolade streuen. Vor dem Servieren die Glasur fest werden lassen.

BAKLAVA

Es ist süß, etwas klebrig – und schlichtweg unwiderstehlich! Jedes Land im Orient reklamiert den Ursprung der Baklava für sich. Und irgendwie haben alle recht …

130 g Ghee (ersatzweise Butterschmalz)
20 Blätter Filo- oder Yufkateig
(ca. 450 g)
200 g Walnusskerne
200 g Mandeln
1 Eiweiß (M)
250 g Zucker
1 TL Zimtpulver
2 EL Zitronensaft
1 EL Rosenwasser
Außerdem:
25 g Pistazienkerne
zum Bestreuen

Konfekt auf orientalische Art 🌿

Für 24 Stück |
50 Min. Zubereitung |
50 Min. Backen
Pro Portion ca. 275 kcal, 4 g E,
21 g F, 18 g KH

1 Den Backofen auf 170° vorheizen. Das Ghee in einem kleinen Topf zerlassen. Eine flache Backform von ca. 20 × 30 bis 35 × 35 cm am Boden sowie an den Rändern mit Ghee einpinseln. Die Teigblätter entrollen. 5 Blätter behutsam abziehen, mit Ghee einpinseln und in der Form übereinanderstapeln.

2 Die Walnusskerne und Mandeln fein hacken und mit dem Eiweiß, dem Zucker und Zimt vermischen. Ein Drittel davon auf die Teigblätter in die Form geben. Weitere 5 Teigblätter mit Ghee bepinseln und aufeinander in die Form legen. Mit einem weiteren Drittel der Nussmischung belegen und so fortfahren, bis alle Teigblätter und die gesamte Nussfüllung aufgebraucht sind, dabei mit Teigblättern enden. An den Rändern gut andrücken, gegebenenfalls überstehenden Teig abschneiden. Mit einem scharfen Messer durch alle Teigschichten hindurch Rauten in der gewünschten Größe schneiden.

3 Die Form in den heißen Ofen schieben (Mitte) und die Baklava in ca. 50 Min. goldbraun backen. Für den Sirup den Zucker mit 200 ml Wasser aufkochen und rühren, bis sich der Zucker aufgelöst hat. Zitronensaft und Rosenwasser einrühren und den Sirup weitere ca. 10 Min. köcheln lassen. Die fertig gebackene Baklava aus dem Ofen nehmen und mit dem Sirup übergießen. Die Pistazienkerne hacken und darüber streuen. Auskühlen lassen.

TIPP Rosenwasser bekommt man in fast allen türkischen und griechischen Lebensmittelgeschäften. Es hat ein sehr intensives Aroma und sollte daher vorsichtig dosiert werden.

GEBACKENE FEIGEN

2–3 Zweige Thymian | 150 g junger Ziegenkäse |
2 TL Honig | Salz | Pfeffer | 8 frische Feigen |
4 EL Süßwein (z. B. Portwein, Marsala oder Vin
Santo)

Süße Sünde

Für 4 Personen | 15 Min. Zubereitung
Pro Portion ca. 155 kcal, 9 g E, 8 g F, 10 g KH

1 Den Backofen auf 250° vorheizen. Den Thymian
waschen, trocken schütteln und die Blättchen von
den Stielen zupfen. Den Ziegenkäse zerbröseln
oder klein würfeln und mit Honig, Salz, Pfeffer und
den Thymianblättchen vermischen.

2 Die Feigen waschen und vom Stielansatz her
kreuzförmig einschneiden, sodass sie etwas ausei-
nanderfächern. In eine feuerfeste Form setzen und
mit dem Süßwein beträufeln. Für ca. 3 Min. in den

heißen Ofen (Mitte) schieben. Dann herausholen
und die Ziegenkäsemasse in die Feigen füllen.
Nochmals für 2 Min. im Ofen gratinieren. Herausnehmen und mit Weißbrot (z. B. Pita siehe S. 8)
servieren.

VARIANTE FEIGEN MIT HONIG UND CHILI
8 Feigen waschen, fächerartig einschneiden,
mit 2 TL flüssigem Honig beträufeln und bei
250° ca. 5 Min. backen. Etwas Zartbitterkuvertüre schmelzen, mit Chiliflocken würzen
und über die Feigen verteilen. Abkühlen lassen, bis die Schokolade sich verfestigt.

MILCHREIS MIT ROSENWASSER

150 g Milchreis (Rundkornreis) | 1 Prise Salz |
700 ml Milch | 100 g Zucker | 1 EL Speisestärke |
½–1 TL Rosenwasser | Kokos-Chips zum Garnie-
ren (ersatzweise Pistazienkerne)

Kalte Leckerei

Für 4 Personen | 5 Min. Zubereitung |
30 Min. Quellen | 30 Min. Garen
Pro Portion ca. 360 kcal, 8 g E, 6 g F, 67 g KH

1 Den Reis in ein Sieb geben, mit lauwarmem
Wasser durchspülen und in einen Topf geben.
Ca. 250 ml Wasser und das Salz hinzufügen und
den Reis 30 Min. quellen lassen.

2 Den gequollenen Reis kurz aufkochen, die
Hitze reduzieren und den Reis weiter quellen las-
sen, bis das Wasser vollständig aufgesogen ist.
Die Hälfte der Milch dazugeben, alles wieder auf-
kochen und unter Rühren die restliche Milch mit
dem Zucker ergänzen. Zugedeckt bei kleinster
Hitze ziehen lassen, bis der Reis bissfest gegart ist.
Gelegentlich umrühren, dann wird er cremiger.

3 Die Stärke mit 1 EL Wasser anrühren und mit
dem Rosenwasser unter den Reis rühren. Das Rosenwasser vorsichtig dosieren, da es recht intensiv
schmeckt! Den Milchreis in vier flache Schälchen
füllen und im Kühlschrank anziehen lassen. Mit
den Kokos-Chips garnieren.

WASSERMELONEN-GRANITA

1 kleine Wassermelone (ca. 1,5 kg) | 2 Zitronen |
150 g Zucker | 1–2 Zweige Minze

So einfach, so lecker!

Für 4 Personen | 15 Min. Zubereitung |
3 Std. Kühlen
Pro Portion ca. 260 kcal, 2 g E, 1 g F, 62 g KH

1 Die Melone in Spalten schneiden und das
Fruchtfleisch mit einem Messer von der Schale
lösen. Möglichst alle Kerne aus dem Melonen-
fruchtfleisch entfernen, das Fleisch in Stücke
schneiden, mit dem Pürierstab fein pürieren und
nach Belieben durch ein Sieb streichen.

2 Die Zitronen halbieren und auspressen. Den
Zitronensaft mit dem Zucker und 200 ml Wasser
aufkochen, bis der Zucker gelöst ist. Den Sirup abkühlen lassen und anschließend mit dem Melo-
nenpüree vermischen.

3 Die Masse in eine möglichst flache Schale mit
Deckel füllen und für 2–3 Std. ins Gefrierfach stel-
len, dabei nach 1 Std. und dann jeweils nach weite-

ren 30 Min. das Eis mit der Gabel durchrühren, sodass möglichst feine Kristalle entstehen.

4 Die Minze waschen, trocken schütteln und die
Blättchen fein hacken. Zum Servieren die Granita
mit einem Löffel in Kristalle schaben, rasch die
Minze untermischen, das Eis in Gläser geben und
sofort servieren.

TIPP
Das Granita funktioniert auch mit anderen
Früchten, die schön aromatisch sind, beispiels-
weise Erdbeeren oder Pfirsiche. Letztere soll-
ten allerdings geschält werden. Dazu einfach
kurz in kochendheißes Wasser legen, eiskalt
abschrecken und die Haut abziehen.

DATTELKONFEKT

200 g frische Datteln | 3 EL Orangensaft |
40 g getrocknete Cranberrys | 60 g Walnuss-
kerne | 1 Bio-Zitrone | 40 g gemahlene Man-
deln | 1 EL brauner Zucker

Perfekt zum Tee

Für 20 Stück | 25 Min. Zubereitung
Pro Stück ca. 50 kcal, 1 g E, 2 g F, 8 g KH

1 Die Datteln entsteinen, in Stücke schneiden und
mit dem Orangensaft cremig pürieren (ggf. noch
wenig Wasser zugeben). Die Cranberrys und die
Walnüsse fein hacken. Die Zitrone heiß waschen,
trocken reiben und die Schale fein abreiben.

2 Cranberrys, Zitronenschale, Walnüsse und die
Hälfte der Mandeln gründlich mit der Dattelcreme
vermischen. Die Masse in 20 Portionen teilen und
jeweils zu Kugeln mit einem Durchmesser von
ca. 2 cm rollen. Die übrigen Mandeln mit dem brau-
nen Zucker mischen und die Kugeln darin wälzen.

ORANGEN–DATTEL–SHAKE

3 Bio-Orangen | 4 getrocknete Datteln (ent-
steint) | 150 g Joghurt

Express-Erfrischung zu jeder Zeit

Für 1 Person | 10 Min. Zubereitung
Pro Portion ca. 330 kcal, 8 g E, 6 g F, 56 g KH

1 Eine Orange heiß waschen, trocken reiben, die
Schale mit einer kleinen Reibe abreiben oder mit
dem Zestenreißer abziehen und fein hacken. Alle
drei Orangen halbieren und den Saft auspressen.

2 Die Datteln in kleine Stücke schneiden. Die Datteln mit der Hälfte der Orangenschale und dem Joghurt in einem Mixer fein pürieren. Den Orangensaft hinzufügen und das Orangen-Dattel-Shake
nochmals aufmixen. Die Konsistenz lässt sich
durch Zugabe von mehr Orangensaft, Milch, But-
termilch oder auch zerstoßenem Eis variieren. Zum
Servieren in Gläser gießen und mit der restlichen
Orangenschale bestreuen.

REGISTER

Damit Sie Rezepte mit bestimmten Zutaten noch schneller finden, sind in diesem Register auch beliebte Zutaten wie **Couscous** oder **Joghurt** alphabetisch eingeordnet und hervorgehoben. Darunter finden Sie das Rezept Ihrer Wahl. Vegetarische Rezepte, die im Buch mit einem 🌿 gekennzeichnet sind, sind hier grün abgesetzt.

© 2018 GRÄFE UND UNZER VERLAG GmbH, München Alle Rechte vorbehalten. Nachdruck, auch auszugsweise, sowie die Verbreitung durch Film, Funk, Fernsehen und Internet, durch fotomechanische Wiedergabe, Tonträger und Datenverarbeitungssysteme jeglicher Art nur mit schriftlicher Genehmigung des Verlages.

Projektleitung: Sigrid Burghard
Lektorat: Bärbel Schermer
Korrektorat: Ulrike Wagner
Innen- und Umschlaggestaltung: independent Medien-Design, Horst Moser, München
Herstellung: Anna Bäumner
Satz: Kösel, Krugzell
Reproduktion: Repro Ludwig, Zell am See
Druck und Bindung: Firmengruppe APPL, aprinta druck, Wemding
Syndication: www.seasons.agency
Printed in Germany

1. Auflage 2018
ISBN 978-3-8338-6467-4

 www.facebook.com/gu.verlag

Ein Unternehmen der
GANSKE VERLAGSGRUPPE

Der Autor

Matthias F. Mangold, Foodjournalist und FEC-Mitglied, betreibt seit Jahren seine erfolgreiche Kochschule »genusstur«, veranstaltet Weinseminare/-touren und sitzt in der Jury der ZDF-Kochshow »Stadt, Land, lecker«. Er veröffentlichte bereits zahlreiche Kochbücher, darunter bei GRÄFE UND UNZER »Das Prinzip Kochen«. Matthias Mangold liebt es, mit starken Aromen zu kochen, weshalb ihm die orientalische Küche mit ihren Düften und Gewürzen aus 1001 Nacht eine Herzensangelegenheit ist.

Bildnachweis

Titelfoto: Silvio Knezevic; Autorenfoto: privat; alle Rezeptfotos: Anke Schütz; iStock: Klappe vorne außen (oben, Mitte links), S. 1 Innentitel, S. 5, S. 16 (oben rechts, Mitte links), S. 38 (oben links, Mitte links, unten links), S. 64 (oben links, Mitte rechts, unten links), Klappe hinten außen (alle 3 Fotos); Getty Images: Klappe vorne außen (Mitte rechts), S. 16 (Mitte recnts, unten links), S. 64 (oben rechts); Look: Klappe vorne außen (unten rechts), S. 17, S. 64 (Mitte links); Mauritius: S. 16 (oben links), S. 39, S. 64 (unten rechts); Plainpicture: S. 16 (unten rechts), S. 38 (oben rechts, unten rechts)

QUALITÄTS
G|U
GARANTIE

Liebe Leserin, lieber Leser,

haben wir Ihre Erwartungen erfüllt? Sind Sie mit diesem Buch zufrieden? Haben Sie weitere Fragen zu diesem Thema? Wir freuen uns auf Ihre Rückmeldung, auf Lob, Kritik und Anregungen, damit wir für Sie immer besser werden können.

GRÄFE UND UNZER Verlag
Leserservice
Postfach 86 03 13
81630 München
E-Mail:
leserservice@graefe-und-unzer.de

Telefon: 00800 / 72 37 33 33*
Telefax: 00800 / 50 12 05 44*
Mo−Do: 9.00 − 17.00 Uhr
Fr: 9.00 − 16.00 Uhr
(* gebührenfrei in D, A, CH)

Ihr GRÄFE UND UNZER Verlag
Der erste Ratgeberverlag – seit 1722.

Die Fotografin

Anke Schütz arbeitet in ihrem Studio in Buxtehude für namhafte Verlage und Zeitschriften im Food- und Lifestyle-Bereich. Zusammen mit **Diane Dittmer** (Foodstyling), **Tanja Schulz** und **Kirsten Petersen** (beide Assistenz) verwandelte sie ihr Fotostudio in eine orientalisch-kulinarische Oase.

Titelrezept

Hähnchen-Couscous (S. 28)

Appetit auf mehr?

ISBN 978-3-8338-5327-2

ISBN 978-3-8338-5331-9

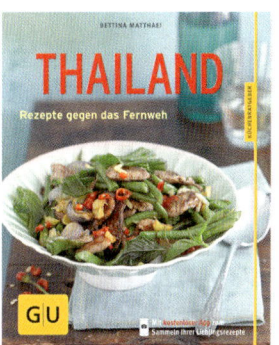

ISBN 978-3-8338-3772-2

ISBN 978-3-8338-6155-0

ISBN 978-3-8338-6157-4

 Alle hier vorgestellten Bücher sind auch als eBook erhältlich.

BUNT, AROMATISCH, DUFTEND, LECKER …
DAS BRINGT WÜRZE IN DIE KÜCHE!